글쓴이 파블라 하나치코바
체코 모라비아의 어느 마을에서 태어났습니다. 포도밭으로 둘러싸인 아름다운 곳이었지요. 어린 시절부터 책 읽기를 아주 좋아했고, 글을 쓰는 작가가 되길 꿈꾸었어요. 체코 올로모우츠에 있는 팔라츠키 대학교에서 영어와 중국어와 인문학을 전공했어요. 지금은 알바트로스 출판사에서 아동 문학 부문 편집자로 일하고 있어요.

그린이 린흐 다오
베트남 하노이에서 태어나 오랫동안 그곳에서 살았어요. 체코에서 일러스트레이션과 애니메이션을 전공했어요. 졸업 작품으로 만든 필름은 국제 페스티벌에서 여러 차례 상을 받았어요. 2016년에는 체코미술감독협회에서 청년 부문 창작상을 수상했어요. 한동안 회사 생활을 하다가 거기서 쌓은 경험으로 프리랜서로 활동하기로 결정했어요. 그래서 지금은 다시 일러스트레이터이자 애니메이터로 일하고 있어요. 주로 감자칩과 녹차를 먹고 살아요.

옮긴이 이충호
서울대학교 사범대학 화학과를 졸업하고, 교양 과학과 인문학 분야 번역가로 활동하고 있어요. 2001년 『신은 왜 우리 곁을 떠나지 않는가』로 제20회 한국과학기술도서 번역상을 수상했어요. 옮긴 책으로는 『진화심리학』 『사라진 스푼』 『바이올리니스트의 엄지』 『뇌과학자들』 『잠의 사생활』 『우주의 비밀』 『유전자는 네가 한 일을 알고 있다』 『도도의 노래』 『정크 DNA』 『건축을 위한 철학』 『돈의 물리학』 『경영의 모험』 『스티븐 호킹』 등이 있어요.

감수자 이수경
대학에서 생물학을 전공하고, 대학원에서 생물학 석사 학위를 받았으며, 현재 이화여자고등학교에서 생명과학을 가르치고 있어요.

펭귄은 왜 추위를 타지 않을까요?
동물들의 똑똑한 환경 적응법

파블라 하나치코바 글 린흐 다오 그림 이충호 옮김 이수경 감수

씨드북

차례

- 집만큼 좋은 곳은 없다 — 8
- 사막 — 10
- 사막에 사는 동물들 — 12
- 산악 지역 — 14
- 산악 지역에 사는 동물들 — 16
- 열대 우림 — 18
- 열대 우림에 사는 동물들 — 20
- 극 지역 — 22
- 극 지역에 사는 동물들 — 24
- 숲 — 26
- 숲에 사는 동물들 — 28
- 물의 왕국 — 30
- 물에 사는 동물들 — 32
- 초원 지역 — 34
- 초원 지역에 사는 동물들 — 36
- 동물들의 놀라운 재주 — 38

집만큼 좋은 곳은 없다

생물은 온갖 장소에서 살아가요. 어떤 동물 종이 살아가는 장소를 그 종의 '서식지'라고 해요. 그 동물이 보금자리와 먹이를 구하고, 가정을 꾸리고, 새끼를 기르는 곳을 말하지요. 각 동물은 자신의 서식지에서 살아가기에 편리하도록 환경에 적응했어요. 지글지글 끓는 사막에서 살아가는 북극곰을 상상할 수 있나요? 북극곰이 사막에서 살아남으려면 어떻게 해야 할까요? 지구상의 모든 동물은 각자 살기에 알맞은 장소가 따로 정해져 있어요.

아이고, 난 여기서는 도저히 못 살겠어!

사막에서 얼음으로 뒤덮인 극 지역까지

지구 어디를 가더라도, 그곳에는 어떤 동물들이 살고 있어요. 낮에는 펄펄 끓듯이 뜨겁고, 밤에는 얼어붙을 듯이 추운 사막에도 동물들이 살아요. 칠흑같이 캄캄해 아무것도 안 보이는 동굴 속에도, 얕은 물과 깊은 해저에도 동물들이 살아요. 산꼭대기와 모든 것이 꽁꽁 얼어붙은 극 지역에도 동물들이 살고 있어요. 자, 그럼 이제 이 장소들을 모두 방문하면서 그곳에 사는 동물들을 만나 보기로 해요! ◀

장소에 따라 제각각 다른 생활 방식

서식지는 그곳에 사는 동물들에게 식물, 기후, 돌 등을 포함해 가장 적합한 것들을 제공해요. 특정 서식지에서 자라거나 살아가는 동식물은 그곳에 사는 동물들의 수와 다양성에 직접적인 영향을 미쳐요. 육지에서 가장 많은 동물 종이 모여 사는 장소는 1년 내내 따뜻하고 습도가 높은 열대 우림이에요. 반면에 바다에서는 거의 모든 동물 종이 산호초 근처에서 살아가요. ▶

산호초에서 살아가는 동물들

환경에 적응하기

살아남기 위해 환경에 적응하다

펭귄은 어떻게 남극 대륙의 혹독한 겨울을 견뎌 낼 수 있을까요? 따뜻한 스웨터라도 껴입는 것일까요? 사막에서 살아가는 낙타는 목이 마를 때 마실 물병을 갖고 다닐까요? 물론 그럴 리가 없지요! 춥건 덥건, 어둡건 밝건, 특정 장소에서 살아가는 동물들은 모두 그곳 환경에 적응해 살아가는 법을 터득했어요. ▲

웬만한 추위는 긴 털로 해결!

동물들은 각자의 환경에서 잘 살아가기 위해 적절한 장비를 갖추고 있어요. 두툼한 털가죽이나 두꺼운 깃털로 몸을 보호하는 동물도 있고, 교묘한 위장으로 자신을 보호하는 동물도 있어요. 일부 똑똑한 동물들은 직접 만든 보금자리에서 혹독한 날씨를 견뎌 내요. 종마다 생김새와 생활 방식이 제각각 다른데, 목적은 모두 똑같아요. 환경에 최대한 잘 적응해 좀 더 편안하게 살아가는 것이지요. ▶

사향소는 추위에 강해요.

이전에 통하던 방법도 시간이 지나면 무용지물

서식지도 시간이 지나면 변해요. 지진처럼 돌발적인 사건이 일어나기도 하고, 침식 작용처럼 오랜 시간에 걸친 자연적인 변화도 일어나요. 이런 변화들은 서식지에만 영향을 미치는 게 아니에요. 거기에 사는 동물들도 영향을 받아요. 오늘날 우리가 알고 있는 동물들은 4억 년 전에 같은 곳에서 살던 동물들과 ◀ 전혀 달라요.

선사 시대의 물고기

9

사막
덥고 건조한 땅

이글거리는 태양, 발이 화상을 입을 만큼 뜨거운 모래. 여기는 어디일까요? 맞아요. 바로 사막이에요! 사막은 지구에서 아주 살기 힘든 곳 중 하나예요. 물도 찾기 어렵고, 식물도 거의 없고, 게다가 바람이 불면 모래가 순식간에 온 세상을 뿌옇게 만들어요. 정신 나간 동물이 아니라면, 누가 이런 곳에서 살려고 할까요? 하지만 사막에도 꽤 다양한 동물들이 살고 있어요.

사막은 어떤 곳일까?

사막은 기후가 건조하고, 밤낮의 온도 차가 매우 크고, 강수량이 매우 적고, 식물이 거의 자라지 않는 땅이에요. 낮에는 뜨거운 햇볕이 내리쬐기 때문에 몹시 더워요. 낮에는 기온이 섭씨 50도가 넘게 올라가지만, 밤에는 영하로 내려가기도 해요! ▼

사막의 위험

사막에 도사리는 위험은 혹독한 환경뿐만이 아니에요. 다양한 포식 동물과 무서운 독을 지닌 동물들이 사방에서 먹잇감을 노리고 있어요. 그래서 사막에서 살아가는 동물들은 늘 긴장을 늦추어서는 안 ◀ 되어요.

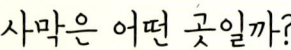
사막의 낮과 밤

사막에서 살아남으려면, 어떻게 해야 할까?

이토록 혹독한 환경에서 살아남으려면 어떻게 해야 할까요? 그건 쉬워요. 이곳 동물들은 온도가 심하게 변하거나 물과 음식이 부족해도 잘 견뎌 낼 수 있어요. 게다가 사막에도 많은 생물이 잘 살아갈 수 있는 장소가 있어요. 예를 들면, 오아시스에는 항상 물이 있어 주변에 많은 식물이 자라고 있어요. ▼

사람의 적응 능력

사람도 사막에서 살아갈 수 있어요. 하지만 사람은 사막의 혹독한 기후를 피할 수 있는 피난처가 필요해요. 집이건 쉽게 다른 곳으로 옮길 수 있는 텐트이건, 사막의 뜨거운 열기와 추위, 바람, 비를 막아 줄 곳이 있어야 해요. 옷도 우리를 보호해 주어요. 옷으로 몸을 잘 감싸면 사막에서 살아가는 데 큰 도움이 되어요. ▼

베두인족의 텐트

적응해야 살아남는다

어떤 동물은 귀가 아주 큰데, 큰 귀는 몸속의 열을 몸 밖으로 내보내는 데 유리해요. 어떤 동물은 모래 위를 걷기에 편리한 몸이나 발을 갖고 있어요. 오랫동안 물을 마시지 않고 버틸 수 있는 동물도 있어요. 어떤 식물은 뿌리를 아주 길게 뻗어 지하수를 빨아들여요. 또 어떤 ◀ 식물은 물을 아주 오랫동안 저장할 수 있어요.

큰 귀

털로 뒤덮인 발

물 없이 버티기

다양한 적응 방법

뜨거운 햇볕을 피할 수 있는 방법이 있을까요? 그건 별로 어렵지 않아요. 땅속으로 몸을 숨기거나 밤이 되어 기온이 내려갔을 때 나와서 활동하면 되어요. 사막에 사는 동물들의 몸 색깔이 왜 밝은색인지 궁금하지 않나요? 밝은색은 어두운색보다 열을 덜 흡수하기 때문이에요. 게다가 밝은색은 주변의 모래 색과 섞여 눈에 잘 띄지 않는 장점도 있어요. ▶

내가 이렇게 드러누워 꼼짝도 하지 않으면, 절대로 날 못 찾을걸!

11

사막에 사는 동물들
더운 곳을 좋아하는 동물들

물을 나르는 사막꿩

그냥 있을까, 나갈까?

사막꿩
수컷 사막꿩은 스펀지 같아요. 배 쪽에 특별한 깃털이 나 있는데, 너덜너덜한 이 깃털은 스펀지처럼 물을 빨아들일 수 있어요. 그래서 오아시스나 물이 고인 장소에서 깃털에 물을 묻혀 새끼들에게 가져가면, 새끼들이 깃털을 빨아서 물을 마셔요. ◀

사막쥐
이 작은 설치류 동물은 땅속의 굴에서 지내요. 굴은 널찍할 뿐만 아니라 시원하기까지 해요. 사막쥐는 털이 갈색이어서 굴 밖으로 나와도 주변의 모래 색에 섞여 눈에 잘 띄지 않아요. 마실 물이 부족해도 염려할 필요가 없는데, 몸속에 있는 지방을 물로 바꿀 수 있기 때문이에요. ▶

가시도마뱀
이 멋지게 생긴 동물이 무엇인지 궁금하지요? 가시도마뱀은 무시무시하게 생긴 가시를 어떻게 사용해야 하는지 잘 알아요. 가시는 적의 공격을 막는 데 도움이 될 뿐만 아니라, 비가 내릴 때 물을 모으는 데에도 아주 쓸모 있어요. 가시 사이에 고인 물은 작은 관을 따라 가시도마뱀의 입으로 흘러가요. ◀

사막여우
털이 덥수룩한 이 작은 여우는 귀가 아주 큰데, 귀는 열 교환기처럼 열을 밖으로 내보내 몸을 식히는 기능을 해요. 이리저리 회전하는 레이더 역할도 하기 때문에 사냥에도 도움이 되어요. 이 레이더로 땅속에 있는 먹잇감의 위치도 파악할 수 있어요. 발바닥에는 털이 나 있어서 뜨거운 모래에 발이 데지 않게 해요. 마치 신발처럼요. 또한, 사막여우는 아주 오랫동안 물을 먹지 않고도 견딜 수 있어요. ▶

쿨쿨

나미브사막거저리

이 거저리는 왜 머리를 땅에 대고 물구나무를 설까요? 뜨거운 열기 때문에 미친 것일까요? 그렇지 않아요. 이것은 거저리가 뜨거운 사막의 열기에 대처하는 방법이에요. 나미브사막거저리는 모래 속에 들어가 밤을 보내는데, 밤안개가 깔리면 재빨리 밖으로 나와 이슬을 모으기 시작해요. 이슬을 최대한 많이 모으기 위해 거저리는 꽁무니를 하늘 높이 치켜들어요. 그러면 몸에 맺힌 이슬방울이 아래로 굴러 내려 입속으로 들어가요. 정말 똑똑하지요? ▶

이슬을 모으는 거저리!

이봐, 난 숨바꼭질이 지겨워. 어디 숨어 있니? 그만 나와!

사하라모래독사

이 뱀은 하루 중 가장 뜨거운 시간을 모래 속에서 보내요. 먹잇감이 나타나길 한없이 기다릴 때에는 눈과 콧구멍만 모래 밖으로 내놓고 몸을 완전히 숨겨요. 밤이 되면 밖으로 나와 몸을 지그재그 모양으로 꿈틀거리면서 앞으로 나아가요. 사하라모래독사는 이런 방법으로 쉽게 움직이는데, 밤에는 모래가 식어서 그렇게 뜨겁지 않아요! ▲

낙타, 사막의 배

낙타가 아주 오랫동안 물 없이 살 수 있다는 사실은 잘 알고 있지요? 그런데 낙타 혹 속에는 물이 아니라 지방이 가득 들어 있어요. 낙타는 이 지방을 물과 에너지로 바꾸어 사용할 수 있어요. 낙타는 긴 속눈썹과 털로 뒤덮인 귀, 꽉 막을 수 있는 콧구멍을 갖고 있어 모래가 눈과 귀와 코 안으로 들어오지 않게 할 수 있어요. 심지어 발바닥도 넓고 편평해서 모래에 발이 잘 빠지지 않아요. 어때요? 낙타는 사막에서 살아가기에 완벽하게 적응한 동물로 보이지요? ▶

사막에 온 걸 환영해요!

사막의 배

산악 지역
높은 곳에서 살아가는 동물들

산악 지역, 더 정확하게는 고산 지대는 지구에서 가장 높고 접근하기 어려운 장소 중 하나예요. 골짜기의 환경은 그런 대로 괜찮은 편이지만, 높은 곳으로 올라갈수록 식물은 점점 줄어들고, 돌과 눈과 얼음이 사방에 널려 있어요. 그래도 동물들은 이렇게 험한 환경에 잘 적응해 살아가고 있어요.

연약한 동물에겐 어울리지 않는 곳

이곳 동물들은 낯을 가리는 경향이 있는데, 다른 동물과 어울릴 기회가 많지 않기 때문이에요. 하지만 이 강인한 동물들은 모두 고산 지대의 거친 환경에 잘 적응했어요. 그래서 이 높은 곳에서도 포식 동물과 새와 곤충을 만날 수 있어요. ◀

산악 지역의 위험

높이가 8000미터나 되는 산들도 있어요. 이렇게 높은 산꼭대기는 정말로 추워요. 이런 곳에서는 비탈을 따라 아주 빠르게 쏟아져 내려오는 눈사태가 커다란 위험이에요. 눈사태는 최고 시속 400킬로미터로 쏟아져 내려오면서, 도중에 만나는 것은 무엇이건 모조리 휩쓸어 버려요. 한편, 산맥 전체가 얼음으로 된 지역도 있어요. ▶

눈사태

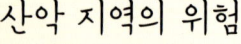

산맥과 높은 산

지구 표면 중 약 5분의 1은 높은 산맥이 차지하고 있어요. 이것은 꽤 넓은 면적이에요. 사람들이 이곳을 찾는 경우는 드물어요. 아주 높은 산꼭대기에서 계속 살아갈 수 있는 동물은 없어요. 많은 동물들은 그보다 낮은 곳에서 살아가요. 하지만 고산 지대에서는 비교적 낮은 곳이라 하더라도, 살아가는 게 결코 쉬운 일이 아니에요. 아주 용감한 ◀동물들만 이곳에서 살아가지요.

산악 지역의 풍경

발굽

두꺼운 털

위장

날 찾아 봐!

보호색은 동물의 몸을 주변 환경 속에 섞여 들게 해 다른 동물의 눈에 띄지 않게 해 주어요. 보호색은 먹잇감을 사냥하거나 포식 동물을 피하는 데 큰 도움이 되어요. 산악 지역에 사는 동물들은 가파른 곳도 잘 돌아다닐 수 있어요. 또, 두꺼운 털은 추위를 막아 주어요. ▲

고산 지대에 사는 사람들

높은 지역에서 살아가는 데 익숙한 사람들은 높은 산도 그다지 힘들지 않고 오를 수 있어요. 8000미터가 넘는 산꼭대기를 오르려는 사람들은 몸이 높은 고도에 서서히 적응하도록 제대로 준비를 해야 해요. 그러지 않았다간 끔찍한 일을 겪을 수도 있어요. 히말라야산맥에 사는 셰르파는 높은 산에 오르려는 등반대의 길을 안내하고, 짐을 나르고, 캠프를 세우는 일을 도와요. ▶

탐험을 돕는 셰르파

산악 지역에서 살아가려면

가파른 산악 지역에서 살아가려면 산을 잘 오르내릴 수 있어야 해요. 그러려면 발가락과 발과 발굽이 튼튼해야 하고, 특히 두려움이 없어야 해요. 현기증을 잘 느끼는 동물은 절대로 이곳에서 살 수 없어요. 덥수룩한 털과 예리한 시력이 있으면 유리해요. 겨울 동안 높은 곳에서 계속 살 수 없는 동물은 낮은 장소로 내려와 겨울을 보낸 다음, ◀ 날씨가 따뜻해지면 다시 높은 곳으로 올라가서 살아요.

산악 지역에 사는 동물들
용감하고 강인한 동물들

눈표범
이 희귀한 동물은 산악 지역에서 살아가기에 아주 적합한 몸을 갖고 있어요. 눈표범은 온몸을 뒤덮은 반점 무늬 덕분에 돌과 눈이 널린 주변 풍경에 쉽게 몸을 숨길 수 있어요. 넓은 발은 털로 덮여 있어 눈에 빠지지 않을 뿐만 아니라, 돌 위에서도 잘 미끄러지지 않아요. 이 뛰어난 사냥꾼은 강한 뒷다리 덕분에 아주 높이 뛰어오를 수 있어요. ▶

"난 높은 곳이 좋아!"

"난 더 높이 뛸 수 있어!"

겔라다개코원숭이
개코원숭이의 친척인 이 동물은 에티오피아의 고산 지대에 사는데, 산을 아주 잘 오르내려요. 밤에는 무리를 지어 벼랑에서 잠을 자요. 이러면 에티오피아 늑대의 공격을 막을 수 있거든요. 참 똑똑하지요? ▲

야크
길고 텁수룩한 털을 가진 야크는 높은 산악 지역에서 잘 살아갈 수 있어요. 야크는 높은 곳에서 살아가는 데 너무 잘 적응한 탓에, 고도가 낮고 따뜻한 지역으로 내려오면 살 수 없는데, 이 사실을 모르는 사람이 많아요. 낮은 곳으로 내려오면 야크는 병이 나고 말아요. 야크는 대개 고도가 6000미터쯤 되는 곳에서 살아갑니다. 야크는 심장과 폐가 커서 높은 곳에서도 숨 쉬는 데 별 어려움이 없어요. 적어도 연약한 우리와 비교한다면 말이에요. ▲

야마
야마는 남아메리카의 안데스산맥에서 살아요. 이곳은 날씨가 지구에서 가장 변화무쌍한 곳이에요. 눈 깜짝할 사이에 강한 폭풍이 불다가 금방 날씨가 추워지면서 눈이 내리기 시작해요. 야마는 온몸이 두꺼운 털로 덮여 있어 이런 온도 변화에도 끄떡없어요. ◀

야마와 변덕스러운 날씨

"너희들, 여기 숨어 있었구나!"

레서판다

다른 곰들은 잠을 자면서 겨울을 보내지만, 레서판다는 그런 호사를 누릴 수 없어요. 고산 지대에 겨울이 찾아오면, 레서판다는 겨울잠을 자는 대신에 먹이인 대나무를 찾아야 해요. 고도가 낮은 곳에는 대나무가 자라지 않기 때문에 산 아래로 내려갈 수도 없어요. 두꺼운 털가죽과 털로 덮인 발은 추위를 견뎌 내는 데 큰 도움이 되어요. ▼

레서판다 한 쌍

줄기러기

이 용감한 새는 아주 높이 날아다녀요. 여름에는 고산 초원 지역에서 지내다가 겨울이 오기 전에 겨울을 나는 장소로 이동해요. 그러면서 도중에 히말라야산맥을 넘어가요! 줄기러기는 날개가 아주 긴데, 나는 동안 날갯짓을 멈추지 않아요. 고도가 높아서 산소가 부족한 곳에서도 줄기러기는 아무 문제 없이 숨을 쉴 수 있어요. ▼

"오늘은 바람이 몹시 세차네!"

산양

산양은 산을 아주 잘 타는 동물 중 하나예요. 산양은 발굽이 두 개로 나뉘어 있는데, 이는 균형을 잡는 데 큰 도움이 되어요. 두꺼운 털가죽은 추위와 매서운 바람을 막아 주어요. 게다가 밝은색 털은 눈밭에서 몸을 숨겨 주지요! ▶

암벽 등반의 달인, 산양

열대 우림
생명이 넘치는 푸르른 밀림 지역

무더운 날씨, 높은 습도, 끝없이 펼쳐진 푸른 식물. 이곳은 바로 열대 우림이에요. 사막처럼 몹시 덥지만, 사막과 달리 비가 자주 내리지요. 물이 풍부하기 때문에 열대 우림에는 놀랍도록 다양한 식물과 동물이 살고 있어요. 어째서 이곳에서는 이토록 많은 동식물이 함께 살아갈 수 있을까요? 이들은 다른 곳에서 사는 것보다 더 많은 위험과 마주치지 않을까요? 그럼 직접 열대 우림 속으로 들어가 이곳에 사는 동물들을 만나 보기로 해요!

잘 숨어야 살아남는다!

많은 식물들 사이에서 숨바꼭질 놀이를 하는 건 참 재미있어요. 하지만 이것은 단순한 놀이가 아니에요. 술래에게 잡히면 그 동물의 뱃속으로 들어가고 말아요! 그래서 어떤 동물들은 포식 동물이 접근하기 어려운 나무 꼭대기에서 살아요. 또, 어떤 동물들은 보호색을 사용해 몸을 숨겨요. ▲

높은 곳일수록 안전하다

많은 동물들은 땅 위뿐만 아니라 나무 꼭대기에서도 살아갈 수 있어요. 하지만 숲 바닥보다 높은 곳이 더 안전하다는 건 말할 필요도 없지요. 이들의 몸은 높은 곳에서 살아가기에 편리해요. 예를 들면, 튼튼한 앞다리는 나무를 기어오르는 데 유리하지요. 또, 꼬리를 '세 번째 손'처럼 사용해 나뭇가지를 붙잡는 동물도 있어요. 이처럼 이들은 유용한 도구를 많이 갖추고 있어요. ▼

정글의 위험

정글은 여러 '층'으로 나뉘어 있어요. 맨 아래층인 땅바닥은 햇빛이 잘 비치지 않아 축축하고 어두워요. 반면에 나무 꼭대기에는 온갖 생물이 많이 살고 있어요. 하지만 사람들은 경계를 늦추어서는 안 되어요. 무성한 잎과 수풀 사이에 무엇이 숨어 있을지 알 수 없으니까요. ▲

튼튼한 다리

끈적끈적한 발가락

나뭇가지를 붙잡는 꼬리

남의 시선을 끌까 말까

남의 눈에 띄지 않는 게 좋을까요, 아니면 남의 시선을 끄는 게 좋을까요? 열대 우림에서는 이 두 가지 전략을 다 사용할 수 있어요. 어떤 동물은 나뭇가지나 잎이나 꽃 사이에 몸을 숨겨요. 이럴 땐 몸 색깔이 초록색이나 갈색이면 유리해요. 그런데 어떤 동물은 아주 화려한 색으로 눈길을 끌어요. 이런 동물은 무서운 독을 품고 있거나, 독을 가진 다른 동물의 색을 흉내 내 잡아먹히는 것을 피해요. ▼

난초사마귀

화살독개구리

원주민

열대 우림에는 현대 문명의 편리함을 모른 채 자연과 조화를 이루어 살아가는 원주민 부족이 많아요. 이곳이 고향인 이들은 열대 우림을 속속들이 잘 알아요. 남아메리카의 야노마미족 남자들은 세상에서 가장 뛰어난 사냥꾼인데, 아주 작은 소리도 들을 수 있고, 화살을 쏘면 거의 백발백중으로 동물을 맞힐 수 있어요. ◀

열대 우림은 어떤 곳일까?

열대 우림은 지구 전체 표면 중 겨우 3퍼센트만 차지하지만, 아주 다양한 동식물이 살고 있어요. 왜 그럴까요? 열대 우림에서는 비가 많이 내리고, 햇빛이 잘 드는 데서 식물이 아주 빨리 그리고 높이 자라기 때문이에요. 열대 우림은 지구의 허파라고 불리는데, 왜냐하면 아주 많은 식물이 엄청난 양의 산소를 만들어 내거든요. 이곳에 사는 거의 모든 동물들은 나무 꼭대기에서 살아갑니다. ▶

열대 우림에 사는 동물들
나무 꼭대기에서 살아가는 삶

이것은 손일까요, 아니면 꼬리일까요?

재규어

재규어의 얼룩무늬는 열대 우림에서 몸을 숨기기에 아주 유리해요. 이 큰 고양잇과 동물은 햇빛이 거의 비치지 않는 숲 바닥에서 살아가요. 그림자와 빛줄기가 교차하는 이곳 환경은 재규어가 사냥을 하는 데 매우 유리해요. 정글에 사는 커다란 포식 동물 중 하나인 재규어는 살금살금 다가가 순식간에 먹잇감을 덮쳐요. 재규어는 나무도 기어올라 나무 위에서 방심하고 있는 먹잇감을 갑작스럽게 공격해요. ▶

검은손거미원숭이

이 거미원숭이는 나무 위에서 살아가는 원숭이 중에서도 아주 민첩해요. 긴 손가락을 갈고리처럼 사용해 나뭇가지를 꽉 붙잡고 한 가지에서 다른 가지로 몸을 흔들면서 건너가요. 그리고 긴 꼬리를 '다섯 번째' 손처럼 사용하는데, 나무 꼭대기로 올라갈 때 나뭇가지를 꽉 붙잡는 데 도움이 되어요. ▲

늘 웃는 표정의 나무늘보

빨간눈청개구리

이 개구리는 지구에서 아주 다양한 몸 색깔을 가진 양서류 중 하나예요. 낮 동안에는 '위장술'을 사용해 몸을 숨겨요. 다리를 굽혀 몸 아래에 두고 빨간 눈을 감은 채 꼼짝도 않고 가만히 있어요. 이렇게 있으면 주변의 잎과 빨간눈청개구리를 구별할 수가 없어요. 발가락에는 빨판이 있어 잎에 착 들러붙는 데 큰 도움이 되어요. 빨간눈청개구리는 뛰어오르기도 잘하고 나무도 잘 기어 ◀ 올라요.

갈색목세발가락나무늘보

웃는 얼굴을 한 이 동물은 높은 나무 꼭대기에서 살아가요. 발가락에는 길게 구부러진 발톱이 있어 나뭇가지에 쉽게 매달릴 수 있어요. 몸은 주변의 생물과 섞여 눈에 잘 띄지 않는 색을 띠고 있는데, 털에 자라는 조류 때문에 초록색을 띤 경우가 많아요. 나무늘보는 아주 느리게 움직이기 때문에 더욱 눈에 잘 띄지 않아요. ▲

난초사마귀

동남아시아의 열대 우림에 사는 이 사마귀는 이름이 말해 주듯이 난초 꽃처럼 생겼어요! 난초사마귀의 '위장'은 아주 완벽해 난초 꽃잎과 똑같아 보여요. 이런 모습으로 벌과 여러 곤충을 손쉽게 유인해 냠냠 맛있게 먹어 치우지요! ▶

꽃을 닮은 사마귀

> 글쎄, 내가 거기 있는 줄 전혀 알아채지 못하더라니까!

금강앵무

이 화려한 색의 아름다운 새는 눈에 안 띌 수가 없지요! 하지만 빨간색이 몸 색깔의 주를 이루고 여기에 노란색과 파란색까지 섞여 있어서, 주변의 잎과 꽃, 과일 사이에 숨으면 쉽게 눈에 띄지 않아요. 금강앵무는 몸집이 크고 날개가 튼튼할 뿐만 아니라 아주 빨리 날 수도 있어요. 강한 발톱은 나뭇가지를 붙잡기에 좋은데, 그 밖에 다양한 물체를 붙잡거나 조사하는 용도로도 사용해요. 예를 들면, 견과를 붙잡는 데에도 쓰이는데, 날카로운 부리로 견과 껍데기를 쉽게 깰 수 있어요. ▶

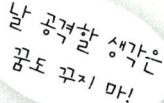

> 날 공격할 생각은 꿈도 꾸지 마!

  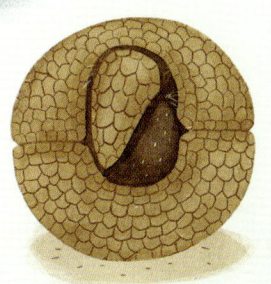

브라질세띠아르마딜로

정글은 위험한 곳이지만, 이 작은 동물은 세상에 무서울 게 하나도 없어요. 거북 등딱지 비슷한 띠 모양의 딱지가 갑옷처럼 등 쪽을 뒤덮고 있거든요. 그래서 몸을 둥글게 웅크리기만 하면, 어떤 동물도 아르마딜로를 공격할 수 없어요! ◀

극 지역
눈과 얼음의 왕국

이곳은 엄청나게 춥고, 눈길이 닿는 끝까지 온통 흰색과 얼음으로 뒤덮여 있어요. 차디찬 물 위에는 큰 얼음덩이가 떠다니고, 거대한 빙산들도 우뚝 솟아 있어요. 눈을 씻고 보아도 식물은 흔적도 보이지 않아요. 여기 사는 사람들은 무척 독특해요. 이 지루한 얼음 왕국의 거친 환경을 견뎌 낼 수 있는 사람들은 이곳 말고 다른 곳에서는 볼 수 없어요. 이들은 얼음 왕국의 왕들과 여왕들이라고 할 수 있어요. 이 혹독한 극 지역에서 살아가려고 할 사람은 아무도 없을 테니까요.

추운 곳에서 살아남으려면 어떻게 해야 할까?

푸른 식물은 전혀 보이지 않고, 눈과 얼음이 끝없이 펼쳐진 곳. 평화롭고 안락한 곳으로는 도저히 보이지 않지요? 그렇다면 이곳에 사는 동물들은 이렇게 혹독한 환경에서 어떻게 살아갈까요? 이곳 동물들은 동상에 걸리지 않도록 몸에서 툭 튀어나온 부분(이를테면 귀나 꼬리, 부리)이 대체로 작아요. 또, 밝은 몸 색깔이 눈과 섞여 포식 동물이나 먹잇감의 눈에 잘 띄지 않아요. ▲

극 지역은 어디에 있을까?

지구의 남쪽 끝에는 남극 대륙이 있고, 북쪽 끝에는 북극 지방이 있어요. 남극 대륙과 북극 지방에 사는 동물은 종류가 서로 달라요. 예를 들면, 남극 대륙에서는 펭귄이 배를 바닥에 대고 얼음을 지치고, 북극 지방에서는 북극곰이 물 위에 뜬 커다란 얼음덩이 위를 돌아다녀요. 하지만 명심하세요. 남극 대륙과 북극 지방은 지구에서 가장 살기 어려운 장소라는 사실을요. ▶

얼음과 눈의 왕국에 도사리는 위험

날씨는 매우 춥고, 땅은 1년 내내 꽁꽁 얼어붙어 있어요. 이 때문에 이곳에서는 식물이 거의 자라지 않아요. 심지어 지구의 끝 지역은 사계절 내내 녹지 않는 얼음층으로 뒤덮여 있어요! 이곳에 사는 동물들은 다른 곳에서는 전혀 볼 수 없는 종들이에요. 이곳에 사는 새들과 포유류는 이렇게 혹독한 환경에서도 살아
◀ 남도록 적응했어요.

뭉쳐야 산다

따뜻한 털만으로 충분하지 않을 때에는 친구들의 도움이 필요해요. 같은 종의 동물들이 무리를 지어 모이면, 함께 체온을 나누고 빠져나가는 열을 줄여 모두가 따뜻하게 지낼 수 있어요. 무리가 모이면 한가운데가 가장 따뜻하기 때문에 보통 새끼들을 가운데에 두어요. ▼

얼음 왕국을 좋아하는 사람들, 이누이트

얼음 왕국에서 살기로 결정한 사람들이 있어요. 이들을 이누이트 또는 에스키모라고 불러요. 과거에 이들은 얼음 벽돌로 이글루라는 집을 짓고 살았어요. 추위와 바람을 잘 막을 수 있는 방식으로 얼음 벽돌을 쌓아 만들었지요. 이누이트는 얼음집을 잘 짓는 건 물론이고, 개 썰매도 잘 ◀ 타고 사냥도 잘해요.

꽁꽁 감싸야 살아남는다

두꺼운 털가죽이나 깃털, 피하 지방은 필수 장비예요. 이곳에서는 지방이 많은 음식을 마음껏 먹어도 아무도 뭐라 하지 않아요. 이곳 동물들은 팔다리를 동상에서 보호하고, 불필요하게 열을 잃지 않도록 해 주는 장비들을 갖추고 있어요. ▶

보송보송한 털가죽

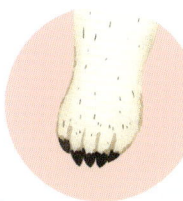

털로 뒤덮인 발

두꺼운 피부

극 지역에 사는 동물들
겨울에도 수영을 즐기는 동물들

황제펭귄
하늘을 날지 못하는 이 새들은 남극 대륙에서 겨울을 나는 동안 암컷과 수컷이 각자 해야 할 일이 분명히 나뉘어 있어요. 암컷은 알을 낳고는, 영양을 보충하러 사냥을 떠나느라 오랫동안 자리를 비워요. 그동안 수컷이 알을 돌보는데, 알을 발 위에 올려놓고 육아낭(배 아래쪽에 움푹 들어간 부분)으로 덮어서 따뜻하게 품어요. 그리고 추위를 피하기 위해 둥글게 무리를 지어 모이는데, 순서에 따라 안쪽과 바깥쪽 자리를 서로 바꾸어요. 그러다가 암컷이 돌아오면, 이제 임무를 교대해 수컷이 먹이를 사냥하러 가요. ▶

이봐요, 여긴 더워 죽겠어요!

사향소
◀ 사향소는 털이 두 겹으로 나 있어요. 짧은 안쪽 털은 보온 역할을 하는 반면, 긴 바깥쪽 털은 매서운 바람을 막아 주어요. 사향소는 무리를 지어 모여 있을 때 가장 안전해요. 늑대가 나타나면, 사향소는 새끼들을 가운데 놓고 빙 둘러서서 날카로운 뿔을 적을 향해 겨누어요.

북극곰
북극 지방에 사는 이 위풍당당한 곰은 아주 큰 포식 동물 중 하나예요. 북극곰은 두꺼운 피하 지방을 유지하기 위해 지방질이 풍부한 먹이를 많이 먹어요. 두꺼운 피하 지방은 추위를 막아 주지요. 북극곰은 물속은 물론이고 땅 위에서도 아주 민첩하게 움직여요. 털로 뒤덮인 발은 얼음 위에서 잘 미끄러지지 않고, 속이 비어 공기로 채워진 털은 물 위에서 뜨는 데 도움을 주어요. ▶

나한테 수영은 식은 죽 먹기지.

북극여우
북극여우는 아주 텁수룩하고 따뜻한 털가죽을 갖고 있어요. 여름에는 털색이 주변의 암석들과 비슷한 회갈색으로 변했다가, 겨울이 되면 눈과 얼음과 구별하기 ◀ 힘든 흰색으로 변해요.

물범

이 귀여운 동물을 보세요! 새끼 물범은 아주 우스운 방식으로 움직이는데, 지느러미가 몸에 비해 아직 너무 크기 때문이에요. 하지만 다 자라면 헤엄과 잠수의 달인이 될 거예요! 물범은 많은 시간을 얼음 아래의 물속에서 보내는데, 물속에서는 먹이도 찾고 포식 동물의 공격도 피할 수 있어요. 따뜻하고 지방질이 많은 털가죽이 추위를 막아 주어요. ▶

나도 헤엄치고 싶어요!

새끼 물범

흰올빼미

수컷은 눈처럼 새하얀 몸에 미묘한 무늬가 있는데, 그저 화려하게 보이려고 이렇게 생긴 게 아니에요. 눈으로 덮인 주변 환경과 섞여 눈에 띄지 않는 것이 주요 목적이에요. 흰올빼미는 온몸이 아주 두꺼운 깃털로 빽빽하게 덮여 있고, 발에도 털이 촘촘하게 나 있어 매서운 추위를 견뎌 낼 수 있어요. ◀

바다코끼리

콧수염이 멋진 이 동물은 친구들과 함께 물 위 얼음 덩이에 누워서 시간을 보낼 때가 많아요. 두꺼운 피하 지방과 질기고 주름진 피부 덕분에 추위를 잘 견딜 수 있어요. 그래서 바다코끼리는 추위를 전혀 느끼지 않는 것처럼 보여요. 콧수염과 엄니를 자세히 보세요! 콧수염은 우리 손가락만큼 예민해요! 바다코끼리는 튼튼한 엄니를 자신을 지키는 데뿐만 아니라, 물에서 나와 얼음 위로 올라가거나 얼음에 구멍을 팔 때 도끼처럼 사용해요. ▶

차가운 물에서 헤엄을 즐기는 바다코끼리

숲
나무의 왕국

전 세계 모든 곳에 숲이 있지만, 우리는 숲을 소중히 여기고 잘 돌보아야 해요. 숲은 우리가 숨 쉬는 산소를 많이 만들어 낼 뿐만 아니라, 많은 동물들이 살아가는 곳이기도 해요. 숲에서 산책을 할 때에는 동물들을 쓸데없이 자극하지 않도록 조심해야 해요. 운이 좋으면 다람쥐나 사슴 또는 오소리를 만날 수 있을 거예요. 게다가 열매를 따거나 버섯이나 나물을 캘 수도 있어요.

동물들은 숲에서 어떻게 살아남을까?

우선, 계절 변화에 잘 적응해야 해요. 봄과 여름, 가을에는 살기가 좋아요. 사방에 먹이가 널려 있고, 온도도 살아가기에 딱 알맞으니까요. 하지만 겨울이 오면 상황이 싹 바뀌어요. 추위를 잘 견뎌 내면서 살아남아야 해요. 또, 몸 색깔이 대개 주변 환경과 잘 섞여야 살아남는 데 유리해요. ▶

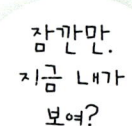
잠깐만, 지금 내가 보여?

계절이 변하면 숲은 어떻게 변할까?

숲에는 짧은 풀에서부터 키 작은 덤불과 아주 큰 나무에 이르기까지 온갖 식물이 자라고 있어요. 숲에는 먹이와 수분이 충분해요. 봄과 여름에는 특히 그렇지요. 하지만 동물들은 계절 변화에 잘 적응해야 해요. 가을이 되면, 활엽수는 잎이 떨어지고 겨울을 맞이할 준비를 해요. 그랬다가 겨울이 지나고 봄이 오면, 다시 잎이 자라나면서 활력을 되찾지요. 반면에 침엽수는 가을과 겨울이 되어도 잎이 떨어지지 않아요. 하지만 겨울 동안에는 거의 모든 식물이 활동을 멈추어요. ▼

세상에는 어떤 종류의 숲들이 있을까?

숲은 활엽수림도 있고, 침엽수림도 있고, 두 종류의 나무가 섞인 곳도 있어요. 숲은 대부분 날씨가 좋은 온대 지역에 있어요. 더 북쪽으로 가면, 더 추운 곳에서 자라는 타이가라는 침엽수림이 있어요. 어떤 숲에 가더라도 동물을 많이 만날 수 있어요. 이 동물들은 자기가 사는 숲을 손바닥 보듯 ◀이 환히 알아요.

침엽수림 · 혼성림 · 활엽수림

먹이를 저장하는 동물, 잠을 자는 동물

똑똑한 동물들은 겨울이 올 때까지 가만히 앉아서 기다리지 않아요. 곧 닥쳐올 어려운 시기에 대비해 먹이를 많이 저장해요. 예를 들면, 다람쥐는 다양한 견과를 저장하는데, 이것은 겨울을 날 때 소중한 양식이 되어요. 어떤 동물들은 겨울잠을 자면서 겨울이 지나가길 기다려요. 겨울이 오기 전에 먹이를 실컷 먹어 몸에 영양분을 충분히 저장한 다음, 은신처를 찾아서 봄이 올 때까지 잠을 자요. ▼

따뜻한 곳으로 이동하는 동물

◀ 새들은 어떻게 할까요? 곤충을 잡아먹고 사는 새들은 겨울이 시작되기 전에 대부분 더 따뜻한 곳으로 날아가요. 즉, 날씨가 따뜻하고 먹을 것이 풍부한 곳으로 옮겨 가는 거예요. 그랬다가 겨울이 끝나면 다시 고향으로 돌아와요. 따뜻한 곳으로 가지 않는 새들은 더 두껍고 따뜻한 털로 털갈이를 해 추운 겨울을 견뎌 내요.

통나무집에서 사는 사람들

숲에서 사는 사람들은 많지만, 캐나다 사람들처럼 자연과 조화를 잘 이루어 살아가는 사람들은 드물어요. 비록 벌목꾼들은 나무를 베어 내지만, 이들은 자연에 최대한 해를 덜 입히는 방식으로 통나무집에서 살아요. ▶

숲에 사는 동물들
숲에서 동물들이 살아가는 방식

청설모

이 민첩하고 작은 황갈색 동물은 숲에서 살아가는 삶에, 특히 혹독한 겨울을 나는 데 잘 적응했어요. 겨울이 오기 전에 청설모는 견과를 모아 저장해 두어요. 그리고 겨울이 오면 귀에 긴 털이 자라나 귀를 따뜻하게 해요. 높은 나무 위에 만든 둥지에서 살아가는 청설모는 위장술도 뛰어나요. ▼

멧돼지

멧돼지는 숲에서 살아갈 만반의 준비가 되어 있어요. 특히 새끼는 몸 색깔이 주변의 식물과 섞여 눈에 잘 띄지 않아요. 멧돼지는 힘세고 짧은 주둥이로 흙을 파헤쳐 땅속에 있는 뿌리와 덩이줄기, 애벌레를 파내요. 멧돼지는 잡식성이어서 겨울이 와도 먹이를 구하는 데 큰 어려움이 없어요. 한편, 털은 겨울이 되면 더 두꺼워지고 어두운색으로 변해 몸을 따뜻하게 해 주어요. ▼

멧돼지 가족

불곰

곰은 '가짜' 겨울잠을 잘 뿐만 아니라 두껍고 따뜻한 털, 털로 뒤덮인 발, 큰 몸집으로 추위를 견뎌요. 겨울잠에 들어가기 전에 살을 뒤룩뒤룩 찌워 피하 지방을 두껍게 쌓아 놓지요. 그런데도 자다 보면 배가 너무 고파져서 일어나 먹이를 찾기도 해요! ▲

겨울잠을 자는 동물들

고슴도치와 겨울잠쥐 같은 일부 동물들은 겨우내 잠을 잡니다. 겨울잠쥐는 은신처에 숨어서 몸을 둥글게 만 뒤, 꼬리를 이불처럼 사용해 잠을 자요. 하지만 어떤 동물들은 '가짜' 겨울잠을 자요. 그러니까 겨울잠을 자다가 도중에 깨어나서 먹을 것을 찾아 먹고는 다시 잠을 자는 거예요. 곰과 오소리가 바로 이런 행동을 해요! ▲

한겨울의 간식

스라소니

잘생긴 이 동물은 북반구의 고도가 높은 숲 지역에서 살아요. 아름답고 두꺼운 털은 혹독한 추위를 막아 줄 뿐만 아니라, 위장을 하는 데에도 큰 도움을 주어요. 털로 덮인 넓은 발은 눈신발처럼 눈에 발이 빠지지 않고 걸어 다니게 해 주어요. 그런데 귀가 좀 우스꽝스러워 보이지 않나요? 귀 끝에 검은 술처럼 달려 있는 부분이 소리를 잘 듣게 도와준다는 사실은 몰랐죠? ▶

난 아무리 작은 소리라도 들을 수 있어.

말코손바닥사슴

말코손바닥사슴은 북쪽 고위도 지방에 살아요. 이 거대한 동물은 길고 가느다란 다리로 아주 빨리 달릴 뿐만 아니라 헤엄도 잘 쳐요. 두 개로 나뉜 발굽은 균형을 잡는 데 도움을 주고, 눈 더미에 발이 빠지지 않게 해 주어요. 수컷은 크고 아름다운 가지뿔을 자랑하는데, 감히 겁 없이 도전하는 상대가 있으면 이 가지뿔로 위협해요. 하지만 가지뿔을 계속 기르려면 에너지가 많이 필요해요. 그래서 가지뿔은 겨울이 오기 전에 몸에서 떨어져 나가요. ▶

위풍당당한 가지뿔

또 일하러 갔다 올게. 내 환자들은 혼자 힘만으로는 낫기가 힘들거든!

딱따구리

숲에 사는 동물을 꼽을 때, 숲의 의사를 빼놓을 순 없죠. 바로 딱따구리 말이에요! 딱따구리는 숲이 건강한지 아닌지 알려 주어요. 딱따구리는 나무를 치료하는 장비를 많이 갖추고 있어요. 강하고 날카로운 부리로는 나무에 구멍을 뚫고요. 민첩한 혀로는 가끔씩 맛있는 애벌레를 잡아먹어요. 애벌레가 없어지면 나무가 건강해져요. 튼튼한 다리로는 나무를 기어오르고, 긴 꼬리깃으로는 몸의 균형을 잡아요. 심지어 딱따구리는 나무 ◀ 에 구멍을 뚫고 그 속에서 살기도 해요!

물의 왕국
물속에서 살아가기

바다에서 살아가는 것은 결코 쉬운 일이 아니에요. 바다에서 살아가는 동물들은 어떻게 하면 위장을 잘해 먹잇감에 몰래 다가갈지 궁리를 해야 해요. 그것도 저녁거리를 찾아 어슬렁거리는 더 큰 동물의 눈에 띄지 않도록 조심하면서 말이에요. 바다 밑에는 온갖 생물들이 활기차게 살아가고 있어요. 물고기 떼들이 여기저기 헤엄쳐 다니고, 아름다운 산호초에는 기이한 동물들이 많이 모여 살고, 또 무시무시한 포식 동물들도 곳곳에 도사리고 있어요. 심지어 아주 깊은 바닷속에도 다양한 동물들이 살고 있어요.

물이라고 해서 다 같은 물이 아니다

우리는 바다와 대양의 수면 아래로 여행을 떠날 거예요. 하지만 세계 곳곳에는 민물도 많이 있어요. 예를 들면, 호수, 강, 연못, 빙하 같은 곳이 있지요. 이러한 민물 세계에도 다양한 동식물이 살아요. 하지만 어떤 강들은 결국에는 바다로 흘러들어요!

물속 세계에 도사리는 위험

파란 물속에서 살아가는 삶은 멋져 보일지 몰라도, 물속 세계에는 많은 위험이 도사리고 있어요. 그래서 많은 동물은 바다 밑바닥에 숨어서 살아가요. 어쩌다가 탁 트인 바다 한가운데로 나간다면, 곧 포식 동물들에게 '제발 날 잡아먹어요' 하고 자신을 갖다 바치는 것이나 다름없어요! ▶

물속 세계에서 살아남으려면

위험을 피하려면 어떻게 해야 할까요? 모든 동물은 각자 나름의 생존 전략이 있어요. 포식 동물의 눈에 띄지 않으려고 위장을 하는 동물도 있고, 화려한 색의 무늬를 과시하는 동물도 있어요. 또, 숨어 지내는 동물도 있고, 함께 무리를 지어 다니는 동물도 있어요. 뭉치면 강하니까요! 그중에서도 강인한 동물들은 뾰족한 가시나 독으로 적을 물리쳐요.

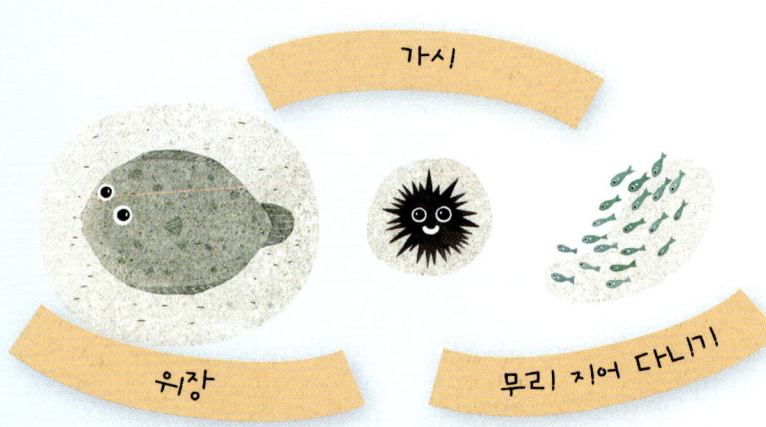

물속 생활에 알맞게 적응한 몸

많은 바다 동물은 물속에서 헤엄치고 사냥하고 휴식을 취하기에 편리하도록 완벽하게 적응한 몸을 갖고 있어요. 예를 들면, 상어는 감각이 아주 뛰어나기 때문에 사냥을 아주 잘해요. 어떤 동물은 포식 동물의 눈에 띄지 않도록 모래 속에 몸을 숨기는 능력이 뛰어나요. 심해에 사는 물고기는 어떨까요? 이 작은 괴물 물고기들은 칠흑같이 어두워 한 치 앞도 보이지 않는 곳에서도 사냥을 할 수 있고, 아주 차가운 온도와 아주 높은 수압에서도 살아갈 수 있어요. ▼

바다에서 살아가는 사람들

사방이 바다로 둘러싸인 섬에서 살아가는 사람들도 많아요. 이들은 바다에서 살아가는 삶에 익숙해요. 예를 들면, 태국의 모켄족은 바다에서 어떻게 살아가야 할지 잘 알아요. 이들은 배를 타고 바다로 나가 물고기를 잡아요. 이들은 물고기를 잡으려면 어디로 가야 하는지 잘 알고, 또 물고기를 잡는 능력이 아주 뛰어나요. 심지어 깊은 바닷속에서도 앞을 잘 볼 수 있고, 작살로 한 치의 오차도 없이 물고기를 찔러 잡아요! ▼

물속에서 살아가는 비법

바다 동물들은 물속에서 살아가기 위해 다양한 비법을 사용해요. 그중에서 몇 가지만 살펴볼까요? 어떤 동물들은 체온을 항상 일정하게 유지해 따뜻한 물이건 찬물이건 아무 곳에서나 활동할 수 있어요. 물속에서 살아가는 동물들은 대부분 물을 직접 마시지 않고 다른 방법으로 수분을 섭취해요. 또한, 물속에서 살아가면서도 서로 의사소통을 하는 나름의 방법이 있어요! ▲

어부

물에 사는 동물들
늘 경계를 늦추지 말아야 하는 삶

푸른바다거북

푸른바다거북은 앞지느러미발을 노처럼 사용해 아주 편안하게 헤엄을 쳐요. 또, 잠수도 아주 잘해요. 푸른바다거북은 수분을 먹이와 바닷물에서 얻어요. 그리고 몸속에 많이 쌓인 소금 성분은 눈물을 통해 내보내요. 알을 낳을 때에는 바닷가로 기어 올라가요. 거북은 땅 위에서는 동작이 느려 포식 동물의 공격에 취약해요. 그래서 알을 낳아 구덩이에 묻자마자 재빨리 바다로 되돌아가지요. 어미 거북은 알에서 깨어난 새끼가 곧장 바다를 향해 달려가리란 사실을 잘 알고 있어요. ▶

위장의 달인, 쏠배감펭

이 작은 포식성 물고기는 대개 바다 밑바닥에서 완벽하게 위장한 채 하루 종일 참을성 있게 기다려요. 그러다가 밤이 되면 사냥에 나서요. 주변의 산호초에 몸을 숨기는 훌륭한 위장술과 빠른 속력과 큰 입을 이용해 기습적으로 먹잇감을 덮쳐요. ▶

불세출의 사냥꾼, 상어

상어는 뛰어난 감각을 갖고 있어요. 특히 후각이 뛰어나 아주 먼 거리에서도 물에 섞인 피 한 방울 냄새까지 맡을 수 있어요! 몸도 헤엄치기에 편리한 유선형이고, 사냥에 필요한 온갖 장비를 다 갖추고 있어요. 지느러미의 피부와 모양은 헤엄을 빨리 치기에 좋고, 옆줄은 물의 움직임과 진동을 예민하게 감지해 소리를 잘 들을 수 있어요! ▲

흰긴수염고래와 플랑크톤

흰긴수염고래는 지금까지 지구에서 산 동물 중 가장 큰 동물이에요. 이 고래는 어떻게 살아갈까요? 흰긴수염고래는 아무것에도 신경 쓰지 않고 유유히 대양을 항해해요. 그런데 이렇게 큰 동물이 플랑크톤이라는 아주 작은 먹이를 먹고 산다는 게 신기하지 않나요? 그냥 입을 크게 벌리고 바닷물을 한입 가득 머금은 뒤, 다시 물을 뱉어 내면서 플랑크톤을 걸러 내 삼키지요. ◀

흰긴수염고래

장난기 많은 돌고래

우린 참 똑똑하지?

돌고래

▶ 돌고래는 정말로 아주 똑똑한 바다 동물이에요. 몸 색깔만 해도 아주 경이로워요. 위에서 돌고래를 내려다보면, 어두운색의 등이 깊은 바닷물의 어두운색과 섞여서 눈에 잘 띄지 않아요. 반대로 밑에서 올려다보면, 밝은색의 배가 빛이 환하게 비치는 바다 표면과 어우러져 역시 눈에 잘 띄지 않아요. 돌고래는 지느러미를 노나 브레이크처럼 사용해요. 물 위로 뛰어오르기도 아주 잘해요! 이마에 툭 튀어나온 부분이 있는데, 여기서 초음파를 발사해 그것이 물체에 부딪혀 돌아오는 메아리를 들어요. 이 방법으로 주변을 파악하고 동료와 의사소통을 하지요.

넙치 흉내를 내는 문어

정상적인 모습

바다뱀 흉내를 내는 문어

위장의 달인

이것은 넙치일까요? 아니면 바다뱀일까요? 잠깐만요, 자세히 보니 문어군요! 자, 위장의 달인인 흉내문어를 소개할게요. 흉내문어는 다른 동물의 모습과 행동을 흉내 내 적의 주의를 다른 데로 돌릴 수 있어요. 이 방법이 통하지 않으
▶ 면 삼십육계 줄행랑을 치지요!

심해아귀

바닷속으로 깊이 내려가면, 햇빛이 들어오지 않아 깜깜한 어둠의 세계가 펼쳐지고, 수압도 엄청나게 높아요. 이곳에는 정말로 이상한 동물들이 살고 있어요. 이 심해아귀도 바로 그런 동물이에요. 커다란 이빨과 큰 입을 가진 심해아귀에게 물리면, 어떤 먹잇감도 빠져나갈 수 없어요. 하지만 무엇보다 놀라운 것은 심해아귀의 머리 위에 안테나처럼 돋아 있는 부분인데, 여기서 반짝이는 빛이 나와 먹잇감을 유인해요. ▶

빛으로 먹이를 유인하는 심해아귀

초원 지역
풀과 관목이 끝없이 펼쳐진 세계

이곳은 세상에서 가장 유명한 초원인 아프리카의 사바나예요. 아메리카와 아시아, 오스트레일리아에도 이와 비슷한 초원이 있어요. 이 초원들의 공통점은 무엇일까요? 기후가 건조하고, 햇살이 뜨겁게 내리쬐고, 도처에 풀과 관목이 자라는 가운데 나무도 드문드문 있어요. 그리고 중요한 것은 이곳에 사는 동물들의 적응력이 아주 뛰어나다는 사실이에요. 건기와 우기의 변화에 잘 대처할 뿐만 아니라, 자신을 호시탐탐 노리는 포식 동물이 있다는 사실을 잊지 않고 늘 긴장의 끈을 놓지 않아요.

스텝은 뭐고, 사바나는 뭘까?

초원은 장소에 따라 부르는 이름이 제각각 달라요. 하지만 이름이 '스텝'이건 '사바나'이건 그건 중요하지 않아요. 초원은 사막도 아니고 숲도 아니고, 그 중간에 해당하는 장소예요. 초원 지역에는 비가 아주 가끔 내려요. 그래서 주로 생명력이 질긴 풀과 관목이 많이 자라고, 나무는 여기저기 한 두 그루씩만 자랄 뿐이에요. ◀

사바나에서 살아남는 법

포식 동물이 사방에 득실대는 사바나에서 살아가려면 빠른 발은 필수예요. 어떤 동물들은 탁 트인 장소에서도 조금이나마 몸을 숨기려고 위장술을 쓰기도 해요. 키 큰 풀 사이에서 하는 숨바꼭질은 아주 재미있지요! 이런 숨바꼭질에서는 목이 길거나 피부가 두꺼운 동물이 유리할 거예요. ▶

사바나의 위험

사바나의 계절은 건기와 우기 두 가지밖에 없어요. 건기에는 비가 아주 적게 내리거나 전혀 내리지 않아요. 따라서 동물과 식물은 물이 부족한 상태에서도 살아가는 방법을 찾아야 해요. 건기에는 불도 날 수 있어요! 하지만 우기가 되어 물이 충분히 공급되면, 모든 것이 미친 듯이 자라기 시작해요. 나쁜 점도 있는데, 저지대에는 홍수가 일어날 수 있어요. ◀

건기

우기

비가 내리건 말건 우린 관심 없어

어떤 동물과 몇몇 식물은 비가 거의 내리지 않더라도 별 어려움 없이 살 수 있어요. 예를 들면, 어떤 식물은 뿌리를 아주 길게 뻗어 지하수를 빨아들일 수 있어요. 또, 어떤 식물은 자기 몸속에 저수지가 있어서 필요한 물을 여기서 얻을 수 있어요. 게다가 이 물은 식물 자신뿐만 아니라, 다른 동물들도 이용할 수 있어요! 많은 동물들은 물을 얻기 위해 먼 거리를 이동해요. ▼

사바나에서는 경계를 늦추면 끝

사바나에서는 동물들이 늘 활발하게 움직여요. 얼룩말이나 영양 또는 그 밖의 초식 동물이 늘 초원에서 풀을 뜯지요. 하지만 주의를 게을리해서는 안 되어요. 이를 위해 특별한 동물 친구들이 도움을 줄 때가 많아요. 예를 들어 원숭이나 타조는 저 멀리서 위험한 동물이 나타나면, 이를 다른 동물들에게 알려요. 하지만 키 큰 풀 사이에 사자와 치타 같은 포식 동물이 숨어 있을지도 몰라요. ◀

조심해! 저기 누가 숨어 있어!

경고

사냥 채집인

아프리카의 사바나에는 채집(주로 꿀)과 사냥(보통은 활과 화살을 사용함)에 의존해 살아가는 부족이 많아요. 이들은 아주 먼 옛날부터 이 전통을 이어받으며 살아왔고, 사바나에서 어떻게 돌아다녀야 하는지 잘 알아요. 하지만 현대에 들어와 많은 부족들이 서서히 사라져 갔고, 그와 함께 그들의 전통과 관습도 사라졌어요. ▶

현지 부족민

초원 지역에 사는 동물들
강인한 동물들

얼룩말
얼룩말의 아름다운 줄무늬는 적의 공격을 막는 데 중요한 역할을 해요. 얼룩말들이 무리를 지어 모여 있으면, 사자나 표범은 각각의 얼룩말을 구분하는 데 어려움을 겪어요. 얼룩말마다 줄무늬 모양이 제각각 다른데도 말이에요! 얼룩말은 시력과 청력이 아주 좋고 달리기도 아주 빨라요. 이빨도 튼튼해서 억센 풀도 문제없이 씹어 먹을 수 있어요. 물이 부족하면, 물이 있는 곳까지 먼 거리를 여행해요. ▶

얼룩말 무리

코끼리
코끼리의 큰 귀는 부채와 같은 역할을 해 몸을 식히는 데 도움을 주어요. 코는 강하고 민첩해요. 코끼리는 코로 어떤 물체도 거뜬히 들어 올릴 수 있고, 또 물도 빨아들일 수 있어요! 쭈글쭈글한 피부는 몸의 열을 식히기에 좋아요. 그리고 진흙에서 한번 구르고 나면, 곤충도 뜨거운 햇살도 코끼리의 피부를 다치게 하지 못해요. 코끼리들은 자기 무리에 나쁜 일이 생기지 않도록 노력해요. 우두머리 암컷 코끼리는 물과 먹이와 안전한 보금자리가 어디 있는지 잘 기억해요. 게다가 코끼리는 몸집이 아주 커서 어떤 동물도 감히 덤벼들 생각을 못 해요! ▲

기린
키가 큰 기린은 유리한 점이 하나 있어요. 아주 긴 목 덕분에 나무 꼭대기까지 머리를 죽 뻗어 맛있는 잎을 혀로 뜯어 먹을 수 있다는 거예요. 그래서 기린은 다른 동물들과 달리 마른 풀을 뜯어 먹지 않아도 되어요. 반점 무늬는 주변의 잎과 그림자에 섞여 몸을 위장하는 데 도움을 주어요. 기린들이 무리를 짓고 있으면, 사자도 감히 달려들 생각을 못 해요. 이뿐만이 아니에요. 기린은 항상 경계를 늦추지 않아요. 기린은 하루에 잠을 5~30분만 자도 충분해요. ▶

사자
이 위풍당당한 사냥꾼은 낮 동안에는 대부분의 시간을 그늘에서 쉬면서 보내요. 밤이 되어 기온이 내려가면, 그제야 사냥에 나서지요. 사냥은 대개 암사자들이 하는데, 암사자가 수사자보다 더 민첩하고 빠르기 때문이에요. 사자는 무리 생활을 해요. 사냥도 무리를 지어서 하고, 함께 모여 집단을 이루어 살아가지요. 용감한 우두머리 수사자가 가족을 지키는데, ◀른 무리의 사자가 다가오면 미친 듯이 포효하면서 쫓아내요.

흰개미

흰개미의 집에는 미로처럼 복잡하게 연결된 방들이 가득해요. 그중에는 부엌과 농장, 식품 저장실, 애벌레 방도 있어요. 없는 게 없이 다 갖춰져 있는 셈이지요! 이 복잡한 터널망은 환기 장치 기능도 갖추고 있어 집 안의 온도를 늘 일정하게 유지해요. 사바나의 다른 동물들도 흰개미 집을 감시탑, 계단, 먹이를 구하는 곳 등으로 사용해요. 이렇게 환상적인 집에서 사는 흰개미는 큰 부러움의 대상이지요. ▶

어이! 내 말이 거기까지 들리니?

흰개미 집

큰개미핥기

돼지처럼 생기고 토끼처럼 긴 귀를 가진 이 동물은 개미핥기처럼 개미를 잡아먹어요. 이 동물의 이름은 바로 큰개미핥기예요! 큰개미핥기는 낮 동안에는 햇빛이 들어오지 않는 굴 속에서 잠을 자고, 밤이 되면 밖으로 나와요. 튼튼한 다리로 땅을 파 개미와 흰개미를 끄집어낸 뒤, 길고 끈끈한 혀로 핥아 먹어요. 큰개미핥기는 땅 파기의 달인인데, 위험이 닥치면 금방 큰 구멍을 파 그 속으로 숨어요! ▶

들불

불을 무서워하지 않는 새들

들불이 활활 타는 장소 부근에서 새들이 왜 부지런히 날아다니는지 궁금하지 않나요? 왜 다른 동물들처럼 달아나지 않을까요? 아프리카의 많은 새들은 불사조처럼 불을 좋아하는데, 그곳에 먹을 것이 많기 때문이에요. 불을 피해 달아나는 벌레들을 ◀ 쉽게 잡아먹을 수 있거든요.

동물들의 놀라운 재주

지금까지 동물들이 자연 환경에 잘 적응하기 위해 어떤 전술을 사용하는지 보았어요. 몸 모양, 몸 색깔, 영리한 위장 등 어떤 전술을 사용하건, 이것들은 모두 동물이 위험한 상황에서 벗어나는 데 큰 도움을 주지요. 이제 여러분은 왜 어떤 동물은 털이 텁수룩하고 몸 색깔이 밝은 반면, 어떤 동물은 오랫동안 물을 마시지 않고도 버틸 수 있는지 알았을 거예요. 여기서는 그 밖에 몇몇 동물들이 지닌 비장의 무기들을 소개할 거예요. 이 동물들은 위기에서 탈출하는 데 특별한 재주가 있어요!

아아아, 그리고 바람과 함께 사라지다

하늘을 나는 것은 새들만 누리는 특권이 아니에요. 개구리, 뱀, 물고기, 포유류를 비롯해 다른 동물들도 날 수 있어요! 정확하게 말하면, 나는 게 아니라 활공을 하는 것이지만 말이에요. 활공을 하면 한 장소에서 다른 장소로 쉽게 이동할 수 있고, 숨어 있는 적한테서 빨리 도망칠 수 있어요. 예를 들면, 날다람쥐는 소리도 없이 한 나무에서 다른 나무로 활공할 수 있어요. 그저 팔다리를 죽 펼치고 훌쩍 뛰기만 하면 되어요. ▼

날다람쥐

나한텐 통하지 않아

독이 들어 있는 것은 누구나 피하려고 하지요. 하지만 다른 동물들과 달리 독이 있는 먹이도 마다하지 않는 용감한 동물들이 있어요. 홍학이 바로 그런 예예요. 홍학은 물속을 이리저리 걸어 다니면서 작은 먹이를 잡아먹어요. 어떤 물은 독성이 강해서 피부를 상하게 할 수 있는데, 홍학의 발은 그런 물 ◀에서도 끄떡없어요. 홍학의 발은 아주 튼튼하거든요.

"난 절대로 물러서지 않을 거야!"

특별한 방법으로 적과 맞서는 동물

동물들은 자신을 방어해야 할 때 보호색이나 독이 있는 동물 흉내 내기, 독 가시 등 다양한 무기를 사용해요. 그런데 가시복은 한 단계 더 높은 무기를 사용해요. 바로 자기 몸의 크기와 모양을 바꾸는 거지요! 가시복은 기분이 상하면, 몸이 마치 가시가 돋친 풍선처럼 부풀어 올라요. ▲

도플갱어

위험에 맞닥뜨렸을 때 몸을 주변 환경과 구별하기 힘들게 해 자신을 보호하는 동물들은 이미 많이 만나 보았어요. 그런데 이 전술을 한 단계 더 끌어올린 동물들이 있어요. 이들은 다른 동물이나 심지어 무생물을 흉내 내 위기에서 벗어나요. 어떤 식물은 돌을 닮았고, 어떤 딱정벌레는 잎처럼 생겼어요. 그리고 날개에 한 쌍의 눈처럼 보이는 무늬가 있는 나비도 있어요! ▶

"까꿍!"

뛰어난 흉내 내기

"아무리 어두워도 다 보여!"

칠흑 같은 어둠 속에서

◀ 많은 동물은 어두운 곳에서 잘 살아가도록 적응했어요. 박쥐는 어두컴컴한 동굴에서 지내다가 밤이 되면 밖으로 나와 사냥을 해요. 박쥐는 방향을 파악하기 위해 반향정위(초음파를 발사해 그것이 물체에 부딪혀 돌아오는 메아리를 듣고 주변을 파악하는 능력)라는 레이더 기술을 사용해요. 안경원숭이 같은 동물들은 눈이 아주 큰데, 큰 눈은 어둠 속에서 앞을 보는 데 큰 도움이 되어요. 청력도 아주 좋다는 사실을 감안하면, 이들은 어둠 속에서 사냥하는 능력이 아주 뛰어나다는 결론을 내릴 수 있어요!

펭귄은 왜 추위를 타지 않을까요?

1판 1쇄 발행 2018년 5월 4일 1판 4쇄 발행 2023년 6월 28일
글쓴이 파블라 하나치코바 그린이 린흐 다오 옮긴이 이충호 감수자 이수경
펴낸이 남영하 편집 김주연 김가원 전예슬 디자인 박규리 마케팅 김영호 변수현
펴낸곳 ㈜씨드북 주소 03149 서울시 종로구 인사동7길 33 남도빌딩 3F 전화 02) 739-1666 팩스 0303) 0947-4884
홈페이지 www.seedbook.co.kr 전자우편 seedbook009@naver.com 인스타그램 instagram.com/seedbook_publisher
ISBN 979-11-6051-189-5 (77470) 세 트 979-11-6051-188-8

Why Penguins Don't Get Cold
ⓒ Designed by B4U Publishing, 2017, a member of Albatros Media Group.
Author: Pavla Hanáčková, Illustrator: Linh Dao
www.b4upublishing.com
All rights reserved.
Korean translation ⓒ Seedbook Publishing Co., 2018
Korean translation rights arranged with B4U Publishing, a member of Albatros Media Group, through Orange Agency.

이 책의 한국어판 저작권은 오렌지 에이전시를 통해 저작권사와 독점 계약을 맺은 ㈜씨드북에 있습니다.
저작권법에 의해 한국 내에서 보호를 받는 저작물이므로 무단 전재와 무단 복제를 금합니다.

제조국명: 대한민국 | **사용연령**: 6세 이상

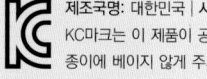

KC마크는 이 제품이 공통안전기준에 적합하였음을 의미합니다.
종이에 베이지 않게 주의하세요.

• 책값은 뒤표지에 있어요. • 잘못 만들어진 책은 구입하신 서점에서 바꾸어 드려요. • 씨드북은 독자들을 생각하며 책을 만들어요.